MAL DE MUCHOS

EL REFRANERO POÉTICO

MAL DE MUCHOS

EL REFRANERO POÉTICO

AMALIA BUITRAGO CÁCERES

Valparaíso
EDICIONES

VALPARAÍSO POESÍA

Diseño de interior y maquetación: Chari Nogales
www.charinogales.com @chari_nogales
Imagen de portada: choness
Fotografía de solapa: Espe Prieto (@x.qkka)

Primera edición: noviembre 2025

© De los poemas: Amalia Buitrago Cáceres

© Valparaíso Ediciones
  C/ Fray Leopoldo, 7 bajo, 18014 Granada
  www.valparaisoediciones.es

ISBN: 979-13-88007-01-9
Depósito Legal: GR 1564-2025

Impreso en España - Printed in Spain
Gráficas Gami

A las abuelas
por enseñarnos a través del lenguaje
que el mundo no es nuevo.

ÍNDICE

No hay refrán que no sea verdadero.
MIGUEL DE CERVANTES

Los poetas (sed generosos) prefieren disimular la verdad
bajo estratos de ironía
porque esa es la apariencia de la verdad:
en capas y elusiva.
ANNE CARSON

Vengo a contaros nuestra mierda de millennial.
LAURA SAM

MAL DE MUCHOS

Vamos a repetir esta conversación treinta y cinco veces,
treinta y cinco veces vamos a hablar de la misma mierda.
C TANGANA

Quiero hablaros sin tapujos
quiero hablar   desde la herida
no es mi cosa preferida
la mentira y los embrujos.

Cuando te hablan de los lujos
de ser *Millennial* hoy en día
casi suena a fantasía
ir de porte   antissssssistema
de eso habla este poema
de quitar la tontería.

Empecemos por la base
ese truco de magia con clase
que es la educación
nos venden que crecer es   una fase
le ponemos nombre al *bullying*
pero no una solución.

Mi generación estudia cada día
ciencia y filosofía
literatura y religión

13

mas nunca estamos a la altura
pues lo aprendido no perdura
si aprender es en el fondo: competición.

Cuando crece mi generación
vive de esperanza
(que es vivir de un aguijón)
y si la nota no le alcanza
cambiará de profesión
total   la vocación   es algo ya frustrado
a cal y canto han cerrado
el futuro y la ilusión.

Mi generación Z
que es la nieta de la evolución
crea arte de lo aprendido
lo llamamos: *hashtag*-deconstrucción.

Creamos arte de la grieta
de la crisis cuando aprieta
no por gusto   por obligación
debemos ser mejor que el resto
conformarnos con lo puesto
aceptar   la corrupción.

No podemos entre tanto
saber cómo   dónde   y cuánto

mantener a raya el llanto
y escuchar al corazón.

Tenían razón cuando decían
que el espíritu no es santo
que los años convertían:
la política   en ficción.

Me da risa la contradicción
de intentar vivir en la utopía
gestionarnos: la alegría
el dinero
y el amor.

En mi generación
el éxito   es un *like*
el postureo   un *fake*
¿os molan estas *Nike*?
pa' ligar ¿cómo las veis?
ya me diréis que es muy fácil
ahorrar   *money money*
después de las crisis
no es tan   *funny funny*
vivir del casi
así   que   *take it easy*
porque
de cristal dicen que somos
que nada ya aguantamos

y que sólo acumulamos
falta de atención
es muy fácil señalarnos
muy difícil afrontar
la culpa en un costado
la grieta en un hogar.

Os diré un verbo
una palabra mágica
la táctica del éxito
el hito del triunfar
seguro que no os suena
cuatro sílabas de mierda
se hace llamar:
          A-PRO-VE-CHAR

yo lo llevo tatuado
no en mi piel   en mi pensar
es un germen/una herida/una guerra/una movida
causante de mi pena
mi núcleo   a mi pesar.

Cómo no vamos a pensar
que quien no arriesga   no gana
si nos sobran los ejemplos
Rosalía   C tangana
si leemos cada día
Pizarnik   Gata Cattana.

Mi generación hermana
tiene la solución diana
para soportar este mundo   más de un segundo:
una sencilla pastilla
partida en porciones
no sufras/no llores
yo también me sé más medicamentos   que flores.

Ya sabes
felices y contentos
no generes pensamientos
mejor
genera intereses
tropecientos billetes al final de los meses.
En mi generación somos pobres
y nos creemos burgueses.

Mi generación es ambiciosa
por herencia   capitalista
no será la más lista
pero puede estar orgullosa
de quitar la losa del machismo
a muchos les dará lo mismo
pero es una evolución valiosa.

Mi generación querida
planea la huida/vive con prisa/reserva la risa
sufre de ansiedad

no teme a la crisis   ni a la economía
viviría en anarquía
mejor
que en soledad.

La verdad
pecamos de ser brutos
somos frutos de la frustración
y tenemos buenos atributos
mas no generan atención.

Amo a mi generación
y sus triunfos
          absolutos
porque podremos parecer tontos
pero somos
mas que astutos.

TODOS LOS CAMINOS

Mis admiradores creen que me he curado,
pero sólo me he hecho poeta.
ANNE SEXTON

Lo cierto es que vine aquí
con la esperanza de encontrar
una razón para quedarme.
OCEAN VUONG

Cuando el dolor es presente y denso
como una gota de miel
cuando largo se acentúa
y puntiagudo escarba/escarba/escarba
dentro de mí
suenan sirenas de ambulancia
mi cuerpo se contrae y astilla
sabe que sobreviene

el duelo

ahí
comienza una guerra interior volcánica
sus hilos invisibles me tiran de la lengua
ahí la arcada y todo lo demás
el ánimo por los suelos
ahí diría *ansiedad*   pero digo *miedo*

ahí
escribo.

Cuando el asfalto de Madrid me asfixia
   y las dudas me recorren como enredaderas
tobillos y muñecas

cuando observo vacías las manos y el futuro
es una mancha borrosa y hueca:
mi mente es fuego de ametralladora   se dispara:
pregunta/pregunta/pregunta
para acabar siempre

sin respuestas

ahí
me arden los pies estáticos
rezan y ruegan   la libertad
el instinto de correr acecha
quiero elegir la evasión/la huida/la fuga inminentes

pero mi voz dicta *cobarde*   y permanezco
(en contra de todo   en contra de mí)
ahí no me atrevo a bailar
y jugar es un verbo exiliado

ahí   finjo dos sonrisas:
para ahora y para luego

ahí deseo pintar un mapa   que me indique la alegría
ahí
escribo.

Cuando la ausencia me persigue
vienen del pasado sucios fantasmas a buscarme
y los errores que cometí
me señalan por todas partes

ahí
soy vulnerable
una hormiga en medio de un recreo
ahí saboreo   la amargura
trago saliva
ahí
escribo.

Cuando la belleza me abandona
intento sostenerme entera y evitar
los escaparates   y sus luces
los estándares   y sus cepos
los ojalás   y sus traiciones
pero lloro a oscuras sin remedio
lloro la injusticia   odio al mundo
por ilícito/abusivo/estúpido
ahí se me mezclan la rabia y la tristeza
ahí
escribo.

Cuando
echo de menos a mi abuela
y quiero conservar intacta la memoria
cuando el dinero es una trampa que me ahoga
o me siento minúscula y glaciar

cuando el amor es complejo   y se me escurre
cuando soy una espiral de bajón emocional
cuando el vivir me sobrepasa
cuando el vivir me sobrepesa

cuando/cuando/cuando
          ahí
escribo   escribo   escribo.

AMOR CON AMOR

Si las miradas mataran, la tuya me hizo el amor.
BAD BUNNY

Disculpen si no escribo demasiado
me estaba rindiendo al amor.
ELSA MORENO

Quiero quererte en los días grises
cuando   la ansiedad   sea una bola de pelo
y tú incapaz de escupirla

cuando el viento no corra de frente
cuando los días   pesen
los párpados   pesen
la rutina   desborde.

Quererte cuando el futuro parezca separarnos
quererte para unirnos

por si   las crisis económicas
por si   las despedidas.

Quererte cuando las dudas
indaguen las heridas.

Quererte de puntillas
a hurtadillas cuando no me mires

en la distancia y el silencio
donde desees y necesites
(incluso lejos de edificios apilados
o en medio de horas de atasco)
en el cambio constante y siempre
en el presente.

También en tu raíz
en tu cuna
(aunque no comparta madera con la mía)
en los errores constantes y puntuales fracasos.

Quererte durante la tormenta
la lágrima seca
la alegría intermitente.

Sé que lo sabes pero
perdóname
si no te lo digo suficiente.

QUIEN MUCHO ABARCA

No es rico el que más tiene sino el que menos necesita.
ATRIBUIDO A SÉNECA

Hay tanto siempre que no llega nunca.
MARIO BENEDETTI

Dejadme decir en alto una cosa
una cosa   que al deciros   os arda en las manos
igual que me arde a mí la existencia
después de que me hayáis enseñado
aunque no quisiera
a desearlo TO-DO.

Dejadme salir del lodo un ratito
sacar el engaño de la madriguera
porque yo
quiero dejar de sentirme extranjera
advertir a la generación que llega
de esta trampa de guerra
la hoguera que al mirarla
te derrite la pupila
y las ideas.

Dejad que por una vez barra
el polvo de puertas para fuera
dejad que le quite la correa al perro

que corra y escarbe la tierra
y descubra
el horror en el barro
que muerda la mano que
no le da de comer.

Que te ahorres la turra
que esto no se arregla
con una jarra de birra
que no vivo en la parra
que curro
como una burra
curro y ahorro/ curro y ahorro/ curro y ahorro
mientras me miras
desde arriba.

Por estar
enferma
por ser
insuficiente
por querer
siempre más

lo sé
no te sorprende
es lo que debería ser
según las instrucciones
hay que succionar el tiempo
para poder acumular.

Me paso los días
haciendo malabares de sueños
encajando actividades
no te enfades   si sólo nos vemos un rato
tengo más planes
y me paso las horas multiplicando los panes
para ser: el Jesucristo de la productividad.

Si nos cruzamos por la calle
no te pares
por favor: pasa

pasa que llego tarde a ser
buenahija/buenahermana/buenanovia/buenamiga
llego tarde
a los diez mil pasos diarios
al activismo
las redes sociales
a conocerme a mí misma
leer los titulares
gestionar las emociones
llego tarde
a poner lavadoras
dormir ocho horas
al tercer idioma
a los dos litros de agua
a renovar mi ropa
viajar por Europa

llego
tarde.

Uy me has pillado
(de nuevo)
queriéndolo todo
(qué raro)
pasar por el aro
la ambición viene en papel de regalo
dejadme decir   *sorpresa*
ojalá poder   *te lo dije*
pero llego tarde.

Me arde la vida de no disfrutarla
me arde el miedo a la muerte
la lista de cosas que no taché antes de

me quema
el camino de minas
olvidar la luz por escuchar el ruido
felina araño el rugido
porque   ojalá
          el golpe de estado
          el puño en la mesa
dejar de correr en la cinta ergométrica
ojalá ir de pragmática
pero me arde la felicidad
si es estática

soy víctima de la rueda
y no puedo parar.

Qué dramática   dirás
y yo no te pediré que me entiendas
porque estaré describiendo   tu vida
y sabes de sobra
del tufo que hablo
si abro el cajón
y la mierda te come
igual que a mí.

Qué haremos mañana
con la existencia atrapada
(qué haremos)
cuando más necesidad no quepa
y nos sigan señalando cosas
nos crezcan deseos ficticios
vicios caros
y nuevos complejos
(qué haremos)
el día en que el cuerpo nos haga parar
de un infarto.

Me da miedo
si en algún momento encuentro respuestas
porque cuando quiera aplicarlas
y dejar de mirar a otro lado

el día en que esté lista
el calendario estará
ocupado.

QUIEN CALLA

Tan bonita que amenaza, cuando calla me da miedo.
ROSALÍA

Sólo sí es sí.
LEY ORGÁNICA 10/2022

¿Cuándo
os dimos permiso?

¿Cuándo
firmamos el pacto?

¿Cuándo
nos visteis consentir?

¿Cuándo
accedimos/aceptamos/acordamos/confirmamos?

No tenéis respuestas.

Nuestro silencio nunca fue una aprobación.

MÁS VALE TARDE

Si voy a terapia es por esto.
AMALIA

Para pulir mis palabras puntiagudas
cuando pinchan mi piel y penetran mi penumbra
para pasear por mi patria sin piedras
para poder pensar
punto a punto
paso a paso
sin petrificarme.

Para proyectar paz y no prisa
por el pulso y su pausa
para no preocuparme de pertenecer
para ser
más persona que pena
para no ser
pez de pecera
sino piraña/paloma/pantera.

Para poner de parto a los progresos
o para poner a parir al patriarcado
cuando me pesa su presión y me parte en pedazos
para proteger la política popular cuando pierde
y poder pescar a las personas que protegen
para procesar el planeta que se pudre
y prevenir ser el producto del programa.

Para plantar pensamientos que perduren
y preguntarme los porqués de la pobreza
por la productividad   sus peligros   y proezas
para pelear contra la precariedad pasiva
y por pegar   precisa   algunas piezas.

Por los proyectos pendientes y sus posibilidades
para perdurar los propulsores
pintar positivos los paisajes
y posicionar   prudente   las prioridades.

Para preservar perfectos mis principios
procurar perseguir las pasiones y propósitos
para prohibir mis prejuicios y sus precios
para peinar mis peros
y ponderar   (por qué no)   los privilegios.

Para pasar página
para perdonar
y para perdonarme
para permitirme
          perder y perderme
                    pasar y pasarme
para pisar plano
y planear procesos y pirámides.

Para perforar
el pánico de mis padres al precipitarme

para no paralizarme
si se presenta pálido el pasado
para posar la paliza
para parar el portazo.

Por plantearme los problemas
profundizar en los poemas
por paliar los patrones y las predisposiciones
por la punta de pistola en pecho
por el puñal que predica:
puta/promiscua/pesada/patética.

Y por la paciencia de proliferar plena en
puente/pura/puerta/plaza/pilar/pétalo/perfume.

Por la perspectiva   la plenitud   el placer
(te lo prometo)
por el placer.

A LO HECHO

Ahora no lloro, tampoco sufro
pasado pisado.
COMANDO TIBURÓN

Tanta palabra acumulada en la garganta.
Y no poder lanzar ni siquiera un grito.
MONTSERRAT ABELLÓ

Cuando no tengas a nadie
dándote la mano
mirarás atrás   para buscarme
ahí donde siempre te he esperado.

No intentes alcanzarme.

Ya no cabe tu perdón
en mi pasado.

QUIEN AVISA

Avanzáis y mi conciencia se estira
hasta ser toda campo de batalla.
ANA PÉREZ CAÑAMARES

Si pienso en el futuro me sangran las encías
me da pavor/terror/temor
ver las exposiciones vacías
también desiertos los conciertos
o muertos los teatros
y cómo no
huecos en las estanterías.

Me da miedo el siglo XXI y sus tecnologías
su sutil enfermedad masiva
con su *scrolling* infinito
que poquito a poquito
conforma una sociedad pasiva.

Me da pánico que de forma progresiva
el chute de dopamina diario
tan fácil   tan frágil
se vuelva algo necesario/necesario/necesario
y nos haga perder la perspectiva.

Ya normalizamos dolores crónicos de cuello
por llevar el móvil de la cama al urinario

haciendo un comentario de esto o aquello
para conseguir el *tick* azul del usuario.

A qué precio compramos
y qué hacemos
con los *likes* acumulados
si nos vendemos a lo viral
pero la escena cultural
apenas nos tiene preocupados.

Me da miedo cuando dejemos de pertenecernos
y la personalidad sea algo moribundo
el vivir plano y no profundo
no haya nada que consiga conmovernos.

Decidme si no es verdad
que vivís una vida que ignoráis
que hay una felicidad que añoráis
(yo qué sé)
preguntaos
qué necesidad tenéis
aparte de sentir que la existencia era
algo más.

El común denominador de esta historia
es que el alma   se muere de frío
sin una cultura que haga de abrigo
sin un orgasmo que la llene de euforia.

Haced memoria y decidme
dónde está el tiempo que siempre guardamos
para engordar las pasiones
cuándo cultivamos ahora los minutos/pensamientos/acciones
que nos hacen sentir vivos.

Parece frívolo/fútil/trivial
pero es fundamental
dar batalla cultural
alimentar la monotonía del ser
para ser
algo más

alimentar la monotonía del ser
para no ser
alguien más.

Quiero pensar que tenemos un deber
(más allá de los deberes)
y es cuidar la cultura como patria
evitar su lápida
mantenerla pura y cálida
proteger   su calidad.

No hablo de diseñar panfletos
ni contratar marketing del bueno
(que no es más que heno pal' ganado)

hablo de apostar por adelantado
por la integridad moral.

Crear una implicación general
que no se quede en la pantalla
sino que se pegue a la retina
que no tire la toalla
sino que sirva de doctrina.

Hablo de la cultura sólida
que sin necesidad de purpurina
consiga dar la talla
y llegar
más allá.

Tenemos la obligación de erradicar
la cultura de entretenimiento
convertirla en entrenamiento cerebral
hacerle   un huequito entre las vísceras
la cultura debe ser
nuestra columna vertebral.

Dejar la pereza y el mamoneo
defender la cultura
no como patio de recreo
sino como patio de debate
debe salirse del escaparate
e implicarse en el jaleo.

Nadie dijo que fuera fácil
dejar de conformarse
transformar   el pensamiento en reflexión
romperse cada día la cabeza
para decirle al *mainstream*
que la riqueza empieza
en tener su propia opinión.

Tenemos una oportunidad
de promover la cultura comprometida
y es dar   la bienvenida
a la transformación
pero esta reflexión
no puede darse por vencida
debe mantenerse convencida
al acabarse la función.

Mi sensación
es que necesitamos huir de la cultura estática
buscar la estética del movimiento
promover una cultura viva/activa/completa
cultura pa' la abuela   el hijo   la nieta
necesitamos en el fondo
una cultura inquieta.

TANTO TIENES

Miro al otro lado: panza, panza, panza, mileurista, mileurista…
es como fuck.
Yo no puedo durar mucho aquí, ¿sabes?
AMADEO LLADÓS

España, loma a loma
es de gañanes, pobres y braceros.
¡No permitáis que el rico se la coma,
jornaleros!
MIGUEL HERNÁNDEZ

Sales a las ocho del despacho
feliz   no mucho
derecho al coche
piensas en las horas que desechas
para comprarte un capricho   un techo
un lecho donde caer muerto si cabes
en treinta metros cuadrados de alto por ancho
golpéate el pecho
como un macho
bien hecho   animalucho   bien hecho.

Pero no te escucho
arder por dentro
quemarte de rabia
coger tu derecho al descanso

41

nadie nos enseñó eso
quizás es mucho pedir
                    vivir
llámame bicho raro
por no querer pasar por el aro
por no querer ser
un chucho con chupete
con su chuche

insatisfecho.

Aprovecho para señalarte
que no estás hecho de caucho o de corcho
sino de nervio y sangre
de llanto y hambre
que eres un hombre libre
un muchacho de un pueblucho
y te han dicho
que el mundo se cosecha
con la lucha del dinero.

La idea engancha
y la expectativa pincha el orgullo
sospecho tu fetiche es ser
alguien de provecho
no te tacho
todos quieren
vivir del derroche   (como El Pucho)

y dejar de sentirse
un desecho.

Te prometen un cacho del bizcocho
te dan una ficha   pero no una fecha
y prenden la mecha del esfuerzo
con el: *abróchate el cinturón*
regala horas extra
por unos billetes de más   no reproches
si la deuda se ensancha
si el placer se estrecha
es el trato que has hecho
para entrar en su nicho
                que aproveche.

Como un hachazo
el sistema te rechaza
te dice que la tristeza
es solo una mala racha
te da el mocho
para que limpies su trecho de mierda
borracho de esperanza
te despacha sin berrinche
cada noche.

Sales a las ocho del despacho
feliz   no mucho

agachas la cabeza
y escuchas:
bien hecho   animalucho   bien hecho.

MEJOR SOLO

Y me dijeron que te vieron sola
¿por qué tan sola?
JUAN MAGÁN

A veces llamamos estar solos a lo que es más bien estar vacíos.
IGNACIO PEYRÓ

Siendo sinceros
supongo   es más sencillo
seguir en silencio
que sostener lo incómodo.

Es más sencillo
quedarnos solos
que ahí donde nos señalan.

Ahora se estila
sssseguiramibola
sssssalir ileso
mejor que sentir sangrar mis complejos
mejor la carne cerquita del hueso
mejor asssssí.

Solos.

Libresssss
sin cargar con el pessssso del otro
nomerayesssss
y mantén tu llanto en el margen
tus problemas al ssssaco
no vaya a ser que me contagie
sufra contigo
(¿te imaginas?)
remuevas mis traumas
y saquemos conclusiones.

La realidad se parece cada vez más a
nomecuentesssssstuvida
y aunque haya ausencias que nos hagan suspirar
mejor sonrisas falsas
dos palmadas en la espalda y adiós
            hasta cuando seas feliz
porque
si no me aportas
apárrrrrtate
que me aprietas la alegría
apárrrrrtate
que no me sobra el consuelo/la paciencia/las ganasssss
para ti.

Yo/yo/yo
me sustento sola el suelo
y aunque el duelo es otra cosa

mejor así
    disimulando disimulando disimulando
mejor así

pero
(pregúntate)

qué ocurrirá cuando
seamos nosotros quienes necesitemos
quienes deseemos
un abrazo/un guiño/un regazo
un regalo/un beso/un lazo

(pregúntate)

qué ocurrirá cuando
no se nos pase
el dolor/la ira/la pena
sólo disociando
sólo pasando del tema.

(¿A quién buscaremos entonces?)

Siendo sutiles
supongo es más sensato
sacrificarnos un rato
sanar lo malo que no sembramos
aunque no sea nuestro

ofrecer
un salvavidas
una salida de emergencia
al menos

por si acaso.

QUIEN TIENE UNA AMIGA

If you wanna be my lover, you gotta get with my friends,
make it last forever, friendship never ends.
SPICE GIRLS

Me pregunto si Neruda tendría amistades que valiesen la pena
porque a mí me gusta cuando no estáis calladas.
IRENE DÍAZ LÁZARO

Hay cosas que inevitablemente nos unirán siempre

¿sabes?

quizás no lo sepamos todo el tiempo
quizás seamos conscientes sólo espontáneamente.

Por ejemplo
si rebusco en mi memoria estás ahí
está tu cuerpo/están tus ojos/está tu casa
está la risa y la lágrima
pasando de tus mejillas a las mías.

A veces el recuerdo tiene forma de dos niñas que se buscan
en el patio del colegio
para trenzarse el pelo
quizás ahí no lo sabíamos pero estábamos tejiendo el tiempo
que nos mantendría juntas.

Yo quisiera escribir cada día después de ese
al detalle   sin complejos

49

escribir los cumpleaños en el *McDonalds*
los *tops* negros
las miradas cómplices (un tópico sí pero tan cierto)
los *no se lo digas a mi madre*
las fotos con morritos en el espejo del baño
las pipas tijuana
escribir los paseos por el barrio dando vueltas a las manzanas
los chicles de menta
los chicos de mentira
los *¿puedo llamarte?*
el viaje de fin de curso
el *blue tropic*

                                                    ¿te imaginas?

Enfrascar toda una vida como si fuera fácil hacerlo
escribir todo eso que pasamos juntas y
volver a volver a vivir
las misas del colegio
la brecha en la ceja
las notitas en clase de lengua
las fiestas de pijamas
el flequillo liso hacia un lado
la primera vez que confesé: yo *escribo poesía*
¿lo recuerdas tú?

No haría falta pasar por todo dos veces
podemos jugar a ser desconsideradas

dejar a un lado las presiones que también compartimos y
quitarnos un rato la obligación de ser perfectas
no haría falta repetir
la ansiedad de los exámenes
el crujir del corazón por tanto tonto
las peleas por chorradas
el miedo por las noches al volver a casa
los quehaceres/tareas/obligaciones
las ganas de estar siempre más delgadas/más rubias/más altas
los *sí señor*
dejar de cruzar las piernas
(porque nosotras siempre cruzamos las piernas)

dejar de bajar la voz
porque ahora sólo yo estoy escuchando

¿te imaginas?

Otras cosas podemos replicarlas
los regalices
las confesiones
los brindis
la virtud de compartirnos
ofrecernos siempre el abrazo preciso
la palabra exacta
lejos de teorías metafísicas y psicológicas
saber usar siempre los labios para decir *te entiendo*

¿lo recuerdas tú?

Aunque no todo haya sido foco y confeti
aún me gusta cuando me tiras de la lengua
cuando intuyes que si se me tuercen los versos
es porque caigo en la curva de la culpa
aún me gusta
que intuyas mis errores y los pongas encima de la mesa
me tiendas la mano
me señales las sendas
me dejes trenzarte   de vez en cuando
de nuevo el pelo.

Qué ganas tengo de saber que sabes que te admiro
lo digo poco
lo diría mucho más
qué ganas tengo de saber que sabes que te quiero
lo digo poco
lo diría mucho más.

¿Estaremos cuando
la foto analógica desparezca
el uniforme sea un recuerdo vago
hayan pasado veinte años de Mallorca
o haya que montar cajas de mudanza
nos despidan del séptimo trabajo
no sepamos descifrar los memes de internet
fallezcan inevitablemente los abuelos y las madres
o notemos la ausencia en las ausencias
cuando nuestros úteros sean una casa

cuando broten los achaques
y se nos arrugue la piel de la espalda

estaremos como siempre
a una llamada de distancia?

Dímelo tú.

EL QUE TIENE BOCA

Tu boca no pierde el sabor a caramelo.
OZUNA

Pon tu boca en mi boca.
JULIO FLÓREZ

Ríe
come
ruge
pide
besa

muerde
grita
lame
silba
confiesa

sopla
susurra
canta
murmura
juega

pronuncia
bebe

calla
traga
ordena

gime
solloza
mastica
exhala
desea

inhala
balbucea
bufa
gruñe
saborea

declama
burla
cautiva
reza

escupe
implora
narra
bosteza

conjura
entona

vibra
evoca

suplica
maldice
chupa
y provoca

a veces   claro   se equivoca.

DONDE HUBO FUEGO

Dime cuál fue mi error
si mi único delito sólo fue amarte.
Hoy soy el perdedor.
MALUMA

Si alguien la hubiera obligado a decidir
si estaba enamorada de él,
ella habría dicho que sí.
ALEJANDRO ZAMBRA

El aleteo frenético de un colibrí
    ahora petrificado y ausente

el aliento afortunado de palabras
    ahora color dolor y olor a muerte

la anestesia de delirio en sangre
el verde silencioso   muy calmado
o lila febril caliente
    ahora el desazón impotente
    la carencia de caricia suave
    el hueco del miedo en el vientre

este es el canto calcinado   valiente
inestable   alterado
es el canto habitable y grisáceo
así canta un corazón enamorado.

CONSEJOS VENDO

Mami sube algo, dame contenido.

BAD BUNNY

El mundo se está convirtiendo en una caverna igual que la de Platón:
todos mirando imágenes y creyendo que son la realidad.

JOSÉ SARAMAGO

Tú
tienes el mismo problema que yo:
el algoritmo no te quiere
y si te quiere es a su modo
un mono bien adiestrado
un títere con cuerdas
¿te acuerdas de cuando tenías tiempo libre?

yo   tammmmmpoco.

Ahora sólo piensas en la foto
en ganar un seguidor tras otro
en hacer el encuadre perfecto
crear un efecto que impacte
generar un extracto de éxito
demostrar que existes
si no subiste la foto de la fiesta
no estuviste   ¿no?

Ahora sólo piensas en esto
y olvidas

el oxígeno que sigue cayendo del cielo
el árbol que crece mientras tú respiras
el órgano debajo del pecho
por olvidar   olvidas
las trampas del tiempo/el amor/las dudas
y si me apuras
la vida.

Editas un vídeo precioso   orgullosa
esperando la hora precisa del domingo exacto
subes
tu mejor perfil
pero escondes maniática
el infierno que llevas a cuestas todos los días
y mientras alimentas su entraña
alimentas
la maraña de víboras
todas las mañanas
todas   toditas las mañanas
te levantas y no aprecias
el sol cuando sale
el rayo que nace y muere en tu cama
pero la foto no falta
los buenos días   (que no tienes)
a través de la ventana.

Arrastras el poco tiempo que te queda
las últimas horas de aliento

arañas el sueño
por un *feed* que sólo alimenta
la ansiedad de puertas para dentro
y sigues tan tranquila
tan   tan tranquila
tapando con *likes*   tus agujeros.

Si esperas el algoritmo termina
de rebanarte los sesos
de succionar las migas de atención que te quedan
a lo largo de los días
si esperas el algoritmo termina
de cantarte al oído
los kilos que te sobran
los amigos que te faltan
los planes que te pierdes
termina   termina contigo
y tú comentas la estrategia
y tú compartes contenido
en el fondo te entiendo
porque yo también he tenido   miedo.

Sigues
sigues alimentando la rueda
esperando que suceda   ¿qué?
otro chute de autoestima
otro estímulo que te lleve a la cima y no te suelte
estima cuánto tiempo de vida

cuánto tiempo de muerte
es alivio temporal pero te deja inerte
verte cada día con el filtro
cada día sin creerte
que esa es tu cara real.

Va lento
pero se va metiendo dentro
tan   tan dentro
hasta que no puedas
rescatarte del cansancio
de la cuna de ojeras
que te mantienen despierta
consumiendo/consumiendo/consumiendo
esta droga sintética
consumiendo frenética
fingiendo fantástica
que todo va   como la seda.

Esta competencia insana por la popularidad
esta ansiedad tan familiar
que hasta se sienta en la mesa
parece que no   pero pesa
cargar cada día con la estafa.

Tú crees que decides
pero no te das cuenta

de que la decisión está empañada
tú te crees que decides
porque te jura transparencia
y te asegura la inocencia
estate atenta porque nos pasará factura
promover su poder   y su censura.

Ese es el problema
el algoritmo te enseña lo que quiere
y no
no le gusta este poema.

OJO POR OJO

Todo eso que
quiero/quiero/quiero
(así deprisa)
nunca es demasiado

por suerte

todo eso que
a m o
(así despacio)
siempre es suficiente.

DE TAL PALO

Qué vida tan dura.
ARDE BOGOTÁ

La historia no la cuentan vencedores ni vencidos,
la historia la cuentan los abuelos.
RAÚL CASTAÑEDA

Un tal Primo de Rivera dimitía
por acumular serios desengaños
y venía una república que prometía
cuando mis abuelas cumplían pocos años.

Tuvieron una infancia inquieta
que por durar duró muy poco
ya que no es infancia completa
si viene a por ti la guerra y no El Coco.

Cuatro inviernos de una   Esssssspaña   dividida
dejaron sólo muerte restos y escombros
aún se notan la pérdida y la herida
que cargan   cada día sobre sus hombros.

Un país devastado y una victoria franquista
dejaron a miles de españoles exiliados
con el hambre como único protagonista
por no hablar de los que fueron fusilados.

Un par de años de colegio adoctrinado
no fueron ni de coña suficientes
para aprender a ser independientes
en un país claramente censurado.

Ojalá hubieran tenido un escritorio
para aprender a ser artistas o poetas
dejar los sentimientos en un folio
como hacemos muchas de sus nietas.

Cuentan que su adolescencia fue marcada
por un ambiente triste y oscuro
pero aun así miraron al futuro
ondeando una felicidad forzada.

Su juventud de sobriedad sin fisura
intentó guardar la memoria intacta
cultivando los cultivos   sin cultura
aprendiendo a vivir de forma autodidacta.

Sabían refranes como referencia
que explicaban esta vida giratoria
aún los conserva intactos su memoria
esto último lo cuenta mi experiencia.

Mis abuelas crecieron renunciando
a la tierra   la ambición   el deseo
y se acabaron muy jóvenes casando
aceptando la casa como empleo.

Había algunas cosas que no tenían:
cuenta en el banco o carné de conducir
su tiempo de hecho lo invertían
en cocinar/limpiar/criar/servir.

Ahora miro sus manos arrugadas
marcadas por el tiempo y sus costuras
que cuentan mil historias y aventuras
haciéndolas valientes y avispadas.

Si encuentro en mis venas la esperanza
la sabiduría o la paciencia
es porque tengo cierta semejanza
guardan mis genes intacta su herencia.

OJOS QUE NO VEN

Pobre Diabla, llora por un pobre Diablo.

DON OMAR

¿Traicionamos a los otros o a nosotros mismos
al descubrir que el enamoramiento no dura para siempre?

SARA TORRES

Hay un secreto a voces
conocido por   todos los enamorados
un secreto de madre golondrina
que duerme en la repisa de las ventanas
de todos los enamorados
es un conjuro milenario malinterpretado no se sabe cuándo
dice que fuimos engañados
elegimos las palabras inexactas
entendimos mal/mal/mal
las instrucciones.

El amor era   otra cosa.

Al principio parecían sencillos los pasos:
colgarse boca abajo
cerrar los ojos
y extender los brazos
quisimos ganar haciendo trucos de arena
pero el amor siempre deja trampas
en los atajos.

El amor al que aspiramos
no puede estar ni ser sin trabajo
no puede estar ni ser sin lenguaje
no vive de vacaciones ni de horas de oro
necesita en cada poro   la luz del mediodía.

No puede ser
un gas inerte que se mueva por el aire
esto tiene mucho de poesía
pero poca decencia o garantía
el amor insípido no cala/no queda/no alimenta
el espíritu.

Amamantamos amores románticos
un cuento y un hada
un polvo mágico
qué ilusoria
la idea   digo
el concepto maquillado/el señuelo de plumas
digo
qué casualidad:

            Julieta inocente
            Romeo un encanto

sin taras/manías/complejos/sin fallos
qué bueno
qué suerte
la idea digo

el concepto disfrazado
el amor que nos venden
nos venden a

nosotros
commmmmpramos.

Vivimos del cuento
sobrios de estafa
sabemos la farsa
bebemos del bote
nos hacemos los locos   creemos:
la dulce mentira
debe sustentar el alma.

Pero eso no pasa
la quimera
reseca el órgano/marchita la entraña/succiona la pasión despacio
(hacedme caso)
succiona
la pasión
despacio.

El amor que nos venden
es sucio/manchado/menguante
se vuelve indecente
exigente
nos quema/reniega/nos odia/detesta mirarnos

nosotros lo ahorcamos
primamos su muerte
decidimos dominarle
nosotros le queremos
limpio diamante/brillante/obediente
perfecto
que se pronuncie
que cante
que nos señale   uno a uno.

El amor no entiende de fábricas
no entiende
no le han enseñado
que aquí compramos a medida
la escala de color/el olor/el tamaño/el tiempo que dura
no entiende
que queremos manuales
un protocolo
una fecha de caducidad
el amor
no sabe de prospectos oficiales.

El amor que nos venden
viene con etiquetas
escriben:
reutilizable
y nosotros adiestrados
          usamos

usamos
usamos.

Nos sobra vergüenza
nos falta modestia
     acumulamos
tías/tíos/líos/tríos
personas

acumulamos   personas.

Tachamos listas
ganamos rencores/rabietas/rupturas
perdemos el sentido
nos volvemos insolentes
fríos/frívolos/distantes.

El amor no entiende
está cansado
de imperativos categóricos
de prisa al mediodía
la falsa clemencia
la falta de conciencia
está cansado
de agencias de marketing
de negligencias.

Si esperáis un amor con bozales

un amor con horarios
de microondas
sin altibajos/sin orgullo que tragarse/
sin paciencia/sin constancia/sin cuidados
un amor sin complicaciones
os lo juro
no responderá
no soltará prenda
se acogerá únicamente
        a la quinta enmienda.

NO DEJES PARA MAÑANA

Ya sé que tengo más de mil quinientas cosas que hacer
pero hoy no las hago, mañana las haré.

DELAOSSA

Nadie habla del verdadero cansancio:
vivir cumpliendo expectativas que no son tuyas.

SOFÍA MARTÍN

Me colocaron en la casilla de salida
nada más nacer
dijeron que tenía varias cosas pendientes por hacer:

antes de los siete meses debía gatear
y gateé
antes de los diez meses debía hablar
y hablé
antes de los doce meses andar
y adivinad qué

nadie mencionó que a partir de entonces
tendría que ir corriendo a todo lo demás.

A los cuatro años   seguir las reglas al jugar
a los ocho   expresar opiniones de forma personal
a los once   ser buena estudiante un año más
a los catorce   encontrar mi identidad

73

a los diecisiete   explorar la sexualidad
a los diecinueve   elegir mi futuro laboral
a los veinte   os prometo   que estaba cansada
cansadita de acatar.

Antes de que entienda de qué va la vida
mi generación
ya ha cumplido del tirón
con la lista de tareas pendientes
la recompensa de esta acción
es empezar con las siguientes.

Ahora tengo veintiséis años y dicen
independízate
(y no puedo)
cásate
(y no quiero)
ten hijos
(y no imagino
sostenerme a mí y a ellos también).

Cuando miro a los que me rodean
cuando analizo a mis iguales
me doy cuenta de que las grietas
nos unen en puntos similares
somos homólogos de las mismas penas
ya que la prisa sigue siendo
el aliño de las cenas.

Algunas noches se me cae el ánimo
y no debo ser la única ni la primera
si pienso en el poder de la presión
que siente mi generación
si abre su cartera.

Esta urgencia que sentimos los jóvenes
(y el resto aunque no quiera)
deja una ausencia de pilares
para sostenernos las ideas
sin necesidad de malabares.

Así vemos algunos el futuro
un poco menos claro
un poco más oscuro
porque
debemos/debemos/debemos
y la respuesta
es una boca cerrada
es una hipoteca millonaria
es una carrera que no acaba
es un trabajo que no llega
es una losa muy pesada.

Así
cómo no vamos a odiar crecer
cómo no voy a querer la libertad
si la cima me supera

y es interminable
si me siento culpable
y nadie me espera
si pido pausa
y tengo hostia
si cualquiera me señala
si fallar es   inevitable.

Por eso
reímos hasta sin ganas
y queremos deportes de riesgo
nos tapamos las canas
maquillamos el sesgo
salimos hasta tarde
bebemos hasta el fondo
miramos cómo el mundo arde
queremos y caemos bien   bien hondo
contamos las semanas
abrimos las ventanas
viajamos en cuanto podemos
lo hacemos
por necesidad.

Al menos guardo la tranquilidad
de que mi generación es consciente
de que donde llega es más que suficiente
y de que vivir el presente
es parte de su responsabilidad

que llegar tarde no significa no llegar
disfrutar también es parte del plan
que puede tener otro ritmo
que puede bailar
a otro compás.

EN BOCA CERRADA

Quiero una mujer bien bonita, callada
que no me diga na.
CALI Y EL DANDEE

Existe un alfabeto del silencio,
pero no nos han enseñado a deletrearlo.
ROBERTO JUARROZ

Cuando me acuesto sobre el lado redondo
del silencio
todo es más sencillo

el día pasa con apenas un esfuerzo
concilio el sueño y agradezco
las casualidades concéntricas
los detalles de un recuerdo
amo a ciegas
río a ratos
(hasta fregando los platos)
no dudo no extraño
me conformo con ser esta y no otra
tengo aupado el ánimo y
camino de puntillas olvidando
qué es tropezar.

Esos días
evado elegante la angustia que me habita

contengo la fragilidad
me sé cierta sin atajos
relamo la calma
y le digo a mi carne que temblar
se pasará con un largo abrazo.

Sin embargo
cuando no hago bien los cálculos
y caigo sobre el lado puntiagudo
del silencio se me clavan
                sus relámpagos
las mandíbulas metálicas de la noche
sus voces que señalan las preguntas
me rebano los padrastros buscando
el reverso del río que me arrolla.

Esos días
me desgasto hasta la locura
maldigo mi nombre
y deseo
(en el metro   en los semáforos)
ser esas otras que imagino
y no un cuerpo abandonado
a sus flaquezas
forzado a enfrentarse
(aquí y ahora)
a sus tinieblas.

Del silencio podemos esperar:
a veces su espejo de latidos
        como un rumor dulce en los oídos
o su violencia
        como la ausencia cruda de lo deseado.

Por desgracia
aún no sé intuir
a dónde me lleva
cuando me encuentra.

A QUIEN MADRUGA

Yo siempre he pensado que ser feliz es conformarse.
ANDER ABAD *(ANDREA SÓLO PARA LAS AMIGAS)*

Soy una poeta
que tristemente dedica muchos versos a romantizar la precariedad
para sobrevivir a la realidad.
ANITA NUÑEZ-TORRÓN STOCK

Despertarme temprano
aunque nunca suficientemente temprano.

Estar cansada pero.

Intentar ser productiva antes de producir
intentar sentir que
    decido sobre
    llevo las riendas de
    que el esfuerzo me hará más feliz.

Beber matcha con leche de avena en una taza *aesthetic*
tomar suplementos en cadena
como buena muchacha
quemar todas las calorías posibles
para
alcanzar el cuerpo perfecto
aunque nunca suficientemente perfecto.

Estar cansada pero.

81

Trabajar de ocho a seis todos los días
sin moverme/sin parar/sin reproche
ver salir el sol y entrar la noche   desde mi ventana
aguantar serena y segura
ganarme el pan que se comen otros con gula
quedarme las migajas para mí.

Mirar el reloj y preguntarme
dónde dejé el día que ya ha pasado
cómo recuperarlo
cuánto tiempo me queda para
cuánto/cuánto/cuánto para
vivir
intentar exprimir por completo el resto de mis horas
aunque nunca suficientemente por completo.

                             Estar cansada pero.

Abrir la lista de tareas y dar vueltas
sobre lo que lleva pendiente meses
subir y bajar haciendo eses con el dedo
suspirar y sentir que
no puedo/no puedo/no puedo
con todo.

Entrar no sé cómo en instagram
acabar viendo lo que hacen otras en las mismas horas que yo
pensar en cómo lo harán
si estarán cansadas o no

concluir que se organizan mejor
que madrugan más
(siempre más que yo).

Advertir el disparo de cinco nuevas recomendaciones
dejarme llevar por la emoción y la influencia
obedecer a la urgencia de saciarme
olvidar las dimensiones del tiempo y
anotar otro artículo/podcast/entrevista/restaurante/plan
por si no fuera suficiente
nunca ser suficientemente suficiente.

                                        Estar cansada pero.

Vestirme corriendo
recoger corriendo
maquillarme corriendo.

Mirar todos los libros encima de mi mesa
sufrir por no haberlos leído ya
sentirme una intrusa en la literatura
buscar mi orgullo de poeta
y matizar
sólo escribo
y subrayar
cada vez menos.

Querer volver a tener dieciséis para
que vuelva a ser un juego   la poesía
pensar en lo seria que se ha puesto
en lo exigente que se ha vuelto
echarle la culpa de todo a   la poesía
confiar en que ya se le pasará
autoengañarme bien
aunque nunca suficientemente bien.

                                        Estar cansada pero.

Coger el metro
quedar con mis amigas
poner buena cara y
hablar de trabajos abrasivos
hablar de alquileres abusivos
hablar de políticos corrosivos
no encontrar buenas soluciones
sentir que ya soy una adulta
aunque nunca suficientemente adulta.
                                        Estar cansada pero.

Volver a casa deprisa
besar a papá y mamá
contarles qué tal   pero la versión reducida
(siempre la versión reducida)
anhelar tener más tiempo para dedicarles
desear tener más tiempo para

quedarme leyendo
ver una serie
darme un largo baño caliente
llamar a mi abuela.

Estar absolutamente cansada sin peros.

Irme a la cama temprano
aunque nunca suficientemente temprano

poner la alarma
y volver a empezar.

POETA SE NACE

No me importa lo que de mí se diga
viva usted su vida, que yo vivo la mía.
FARRUKO

Un síntoma de que te acercas a una crisis nerviosa es creer
que tu trabajo
es tremendamente importante.
BERTRAND RUSSELL

Primero
(no cabe duda)
princesa
(es lo que te enseñan a ser)
aunque no tenía claro cuál
y a pesar de la gran variedad de figuras femeninas
yo siempre quería volver a ver:
Toy Story Tarzán o Mulán.

Las maneras ya iban apuntando sobre mí.

Después creo   astronauta
algo más tenía que haber ahí fuera
lejos de edificios apilados y aceras
tocar la luna y acariciar estrellas
quería ver
sus cinco aristas puntiagudas de cerca

saber
cómo era que brillaban tanto
(y no ahora   sino ayer)
junto a esos planetas que decían que había
aunque aquello más que una certeza
era un acto de fe.

Este oficio se me pasó rápido
había demasiado que estudiar y hacer.

Un verano
(no recuerdo cuándo)
fuimos a la playa
(pala y cubo en mano)
y me topé con mujeres en topless
que mostraban sin pudor sus pechos y pezones
debió sorprenderme y quise ser parte
del movimiento feminista
por eso mi madre cuenta
que hubo un tiempo donde
yo quería ser
de profesión: *tetista*.

Este oficio   sin embargo   sigue pendiente todavía
ya que a día de hoy el pudor me pesa demasiado
y pasa que prefiero conservar
del bikini todas las piezas
o la ropa interior puesta

por mucho que conserve un cuerpo normativo
me llevo mejor con la penumbra
la exposición física   aún me cuesta.

La ciencia vino pronto
la encontré en la bañera
entre los potingues que creaba
aprendiendo las texturas y olores
champú de coco/gel neutro/sal
rosa de mosqueta/azúcar/aloe vera
leche/miel/*aftershave*/crema solar
juntando todos los colores
lo que hiciera falta
esperando a que se pudriera
lo que hiciera falta
descubrir qué ocurría si
bates/juntas/mezclas/integras
todo a la vez
y siempre el mismo resultado:
una guarrada.

Esta rama del oficio se clausuró
por prohibición parental.

Camino al cole recuerdo
insistir en que lo mejor
era ser inventora
incluso tenía ya algunos proyectos:

un culero para las caídas
(no me he roto nunca nada
pero sí me fracturé la rabadilla
y estuve obligada a estar sentada
en un flotador una semana)
(había olvidado esto hasta hoy)
un boli de 7 colores
(resultó que eso ya existía)
o una pastilla que te permitiera
no tener que comer nunca
(la carne siempre se me hacía bola).

Ahora que lo pienso
aunque la industria esté cerca
espero que no dé jamás con la respuesta.

Alguna vez modelo
pero no era ni de lejos
una de esas niñas altas de piernas largas.
Alguna vez música
se me daban bien las letras
pero no los instrumentos.
Alguna vez   seguro
pintora o arquitecta.

Años después
resultó que a la gente le gustaba
mi forma de unir palabras

y aunque mi ortografía te haría sangrar los ojos
si lo leía en alto
brotaban amapolas.

Sin embargo me dijeron
(con bastante dureza)
que escritora no podía ser
(ojo a la franqueza)
un oficio único
dijeron que no daba de comer.
Debía encontrar una compañera estable:
cocinera y escritora
psicóloga y escritora
periodista y escritora.

Mi oficio entonces seguía pendiente
así que dejé de buscar
para intentar que me encontrara.

Fue en bachillerato
gracias a una profesora
(el oficio más infravalorado)
que me decanté por contagiarme
de su pasión por enseñarnos
a entender y amar la vida.
Tema a tema se convirtió en mi materia favorita
los elementos/la célula/la fisiología
las reacciones/la tierra/la anatomía

el objetivo por fin estaba claro
quería estudiar qué me rodeaba
así acabé entrando en biología.

Durante la carrera aprendí muchas cosas
(recuerdo menos de las que me gustaría)
jugar al mus no fue una de ellas
(la responsabilidad siempre me acompaña)
hice negocios con apuntes
me obsesioné con el café de avellana de la cafetería
me apunté a una aso de biología marina
pellas pocas   pero algunas
papers/seminarios/revistas científicas
y así me dirigía a un futuro señalado
por flechas flúor amarillas
que marcaban el camino
hacia La Academia.

Sin embargo justo antes de embarcarme
en terreno pantanoso
de doctorados imposibles
precarios y exigentes
que me chuparían las venas y las ganas
de vivir
y sobre todo
(esto fue decisivo)
no me dejarían tiempo
para mi segundo trabajo de escribir

busqué una alternativa
otro máster   sí
para vender mi alma
renunciar al debería social
por amor a
(¿no empezó todo aquí?)
la vida.

Hoy tengo más de un oficio
que me hacen ampliamente feliz
soy hija   amiga   amante
soy cantante de temazos
casi siempre poeta y a veces actriz
(por los dramas que me monto)
project manager de cara a las empresas
(gestiono mejor a los demás que a mí misma)
soy bebedora de ocio   liada de vicio
lectora y de la fiesta emperatriz.

Si me preguntas qué quiero ser mañana
seguramente te diré
que de oficios ya estoy cansada
pero siempre querré ser
alguien mejor.

MÁS VALE PÁJARO EN MANO

Esto lo hago pa divertirme
pa divertirme, pa divertirme
RESIDENTE

No me olvido de que la escritura
es el lugar de los posibles.
ALEJANDRA MARTINEZ DE MIGUEL

Algunos días se astillan sin quererlo
me pinchan la piel y los dedos
sangro por cosas sí importantes y no

tampoco diría que lo elijo
simplemente
tropiezo con la vida y termino cayendo
en bucles de tristeza o agonía

      menos mal
(diría)
también caigo
sobre mi página en blanco.

Esos días me levanto
y echo en falta algunas bisagras
que doblen los problemas para poder guardarlos

olvidarlos un rato
durante las cenas

      menos mal
en los poemas
soy carpintera y creo puertas
      algunas para abrirlas
      otras para cerrarlas
y guardo en un cajón todas las llaves
con etiquetas pequeñitas
que me ayuden a clasificar
los suspiros pasados y pendientes.

Son de esos días que consientes
que te acechen las preguntas
y te sientes confusa e impostora
poco adulta para los adultos
poco niña para los demás

siempre trato de identificar
si fueron las noticias
o si quería llorar por llorar
hay tantas cosas que preocupan
tanto que podría mejorar

      menos mal
el juicio queda fuera de los márgenes
y las palabras me ayudan a flotar

crean escaleras circulares
tapan grietas y espantan
                    intrusos pensamientos
                    oscuros argumentos
que se enquistaron al final de mi conciencia
para no dejarme respirar

                    menos mal
las palabras me hablan despacio y con cariño
me besan la frente
diluyen la fría soledad

a veces incluso deliran
para hacerme reír y recordar
que existen cascadas infinitas
existen las ventanas de los trenes
o los fuegos artificiales
existe la sopa de sobre
las bolsas de agua caliente
la gente buena o las orillas
existen los libros de poesía y los cachorros
los cumpleaños   los brindis   y las nubes

las palabras ridiculizan la codicia
y entierran las lágrimas bajo la nieve
los monstruos bajo la cama
para sacar las luces

(en serio   constantemente)
sacar
las
luces

menos mal.

A PALABRAS NECIAS

M-A-L-A M-I-A I-A mala mía.
VILLANO ANTILLANO

No vaya a ser que se dé cuenta de que lo personal es político.
JULIO LEÓN

No me escondo
si escribo es porque conozco
la profundidad de cada grieta
el dolor
de la superficie al fondo.

Si escribo es desde el fango
y no vengo a dar lecciones
no finjo   solo ando
por el límite de mis contradicciones.

Por tanto
quebranto de eclipse
si crees que mi poesía es triste
al menos dime   cuánto

dime   cómo no
si sabes que aguanto/aguanto/aguanto
en cada verso   el empujón
en cada poema   el llanto.

Si solo intento
buscarle el acento a la alegría
ser una tía con carisma y encanto
si ordeno la entropía
y espanto
los demonios que perfilan lo que soy.

Si escribo triste es porque voy
de tanto en tanto
deshilachando la conducta evitativa
tratando de cambiar la perspectiva
y me presento
como una piba positiva
que por lo pronto
se lo monta
de puta madre.

Quizás descuadre este apunte
yo me apunto el tanto
y te pregunto
cómo no va a ser triste
mi poesía
si es de chiste la utopía
en la que vivimos.

Claro que a veces es triste
porque me levanto y afronto
doscientos mails diarios

porque asiento al empresario
y le consiento
porque llega un punto
que me canso
de sonreír al tonto
y me sustento
a base de poemas.

Entretanto yo insisto
que mi poesía puede parecer triste
lo confieso
porque juega al despiste con el verso
pero mil veces me planto
y apunto/apunto/apunto
motivos de aliento
para que no se enquiste.

Escribir para mí es un instinto
un cimiento sobre el que pongo
mis pilares de amianto
cemento armao'
un pigmento con el que me pinto
y lo siento
si no hablo del aroma del viento
o de vivir del cuento
es otro asunto
porque yo prefiero del cuerpo
violento el laberinto.

Triste   dice
y en este instante se resiste
no me achanto
no te miento
es distinto el rechiste del lamento
hacer de la palabra
un nido un alimento
hacer del pensamiento
un hilo   un ligamento
y en su conjunto darlo
supongo que entenderlo
es cuestión
de talento.

EN EL AMOR Y LA GUERRA

Se le escapó un te quiero a la que no quería nada.

QUEVEDO

*La escritura
es la mejor forma de hablar
de la cosa más difícil que conozco: el amor.*

JEANETTE WINTERSON

Si no te escribo poemas de amor
es porque ninguno sería suficiente
temo ser
inexacta
imprecisa
al describir
las noches bajo el edredón
o la rutina
cuando mi mano desea rozarte
aunque sea un mínimo tacto
confirmar que sigues conmigo
y que el aire
no cabe entre tus células y las mías.

Equivocarme
al calcular las veces que te pienso
y mentir sin querer en el número de cifras
quedarme corta siempre

(incluso exagerando)
pues hace tanto que ya es costumbre
hablar contigo mentalmente
que creo haber olvidado
qué es la soledad.

Esto traducido significa: *no te vayas*.

Si no te escribo poemas de amor
no es por vergüenza
(y si lo es mínimamente)
ya que conoces de memoria
mis rincones más vulgares
o el complejo más complejo
sin embargo   también sabes
que la exigencia es un setenta por ciento de mi cuerpo
y que me tomo los poemas casi
casi tan en serio
como el amor.

Lo cierto es que te reconozco
en otros poemas que sí escribo con facilidad
y se notan las semillas que sembraste como ideas
ya nadie podría decir que yo soy sólo yo
ahora creo compartir literatura
con tu sueño desvelado
o tener sincronizada
la frecuencia de tu pensamiento.

Te veo también
en poemas ajenos
y resignada contengo   la rabia y el llanto
por no haber sido más rápida
en escribir antes lo que ahora leo
supongo   aunque lo hiciera
encontraría mis versos manchados de inseguridades
y eso siempre es un freno de mano
para el corazón.

Quiero escribirte poemas de amor
pero en los versos soy cursi y complicada
y sé que tú admiras
la sencillez del discurso
la crudeza y sobre todo
la verdad.

Diría que envidio a Ana Pérez Cañamares
pues te descubro leyendo sus poemas en bucle
asintiendo mientras asistes a sus versos
pendiente del mensaje
siendo fiel a sus caprichos.

Y yo mientras mirándote
sonrío tierna para fuera
irónica para dentro
quisiera ser ella
(porque nosotras siempre queremos ser otras)

y tener esa forma de engancharte
esa capacidad de que lo que leo
(admitiré)
también me guste a mí.

Si no te escribo poemas de amor
es porque a veces se me escurre la poesía
y no encuentro las palabras adecuadas
quiero decir   me pongo zancadillas y me voy por las ramas
me asustaría verte intentando adivinar
los te quiero
me asustaría que no los encontraras
en frases pequeñitas como
el precio del peaje es este beso
o
mi lágrima te regará sin que lo pidas.

Querría escribirte un poema de amor
la poesía debe poder hacer eso
recordarnos   cuando no podamos
perdonarnos   cuando no podamos
abrazarnos   cuando no podamos.

Me gusta cuando nos preguntamos para qué sirve la poesía.

Y acabamos enredados en debates poco productivos
sobre la productividad de las cosas
que si sirve para

que si sirve como
quizás sólo sirva
así
como verbo de servicio.

¿Lo ves aquí?

La poesía sirviendo al amor
con un poema.

A BUEN ENTENDEDOR

El corrector del móvil corrige por automático
palabras que sólo tú entiendes.

IRENE X

Cuando ocurre algo importante, con una página no basta.

SYLVIA PLATH

Pertenecer es un verbo que no me pertenece
quiero ser
quiero estar
siempre presente
siempre paralela a la verdad   pero
llega la nada/el casi/el silencio
quiero pertenecer   dejar atrás
la brecha/la grieta/la duda
que es puntiaguda y se clava
que es puntiaguda y se clava
la guerra interior y sus hilos invisibles dentro
tomando decisiones por mí
aquí y allá
y yo que nunca me retiro
que el miedo me retiene
pongo *el llanto* en cursiva   para doblarlo
acabo doblegándome al verbo:
pertenecer.

En ocasiones pienso:
ojalá ser extranjera
decir   *ahí está mi patria*   la veo
poder tener
una raíz de esparto
un instinto de que soy
ponerle origen a la lágrima
ponerle
un techo de tejas rojas
y sobre todo
tener de donde huir
para tener donde volver.

Pertenecer es un verbo intuitivo
presente y primitivo
un clásico donde todos mienten
dicen: *yo soy*   y no saben
quién dónde cuánto
no saben
por qué
intuyen su reflejo y se casan con él
es fácil decir *nación*
fácil decir *grupo raza bloque barrio calle*
pero   qué difícil   identificarse con.

A veces el amor se cuela
por la rendija del cuerpo
por el tragaluz en la nuca

nos llena y nos llena
hasta inundarnos
ahí pertenecemos diría
  a los locos que morirían por
ahí brota lo mejor de
ahí me entiendes y sabes
quién dónde cuánto/cuánto/cuánto.

Otras veces el dolor también se cuela
por la fisura en el pecho
por el huequito en el vientre
nos llena y nos llena
hasta reventarnos
ahí pertenecemos diría
  a los presos que matarían por
ahí brota lo peor de
ahí me entiendes y sabes
  casi todo.

Pero ¿qué pasa con la belleza?
ahí debéis pertenecer   dijeron
debéis/debéis/debéis
y muchos acabaron creyéndoselo
el índice indicando a
lo inalcanzable
ahí acabamos perteneciendo
  a los idiotas infelices
a los que vendieron su alma

para comprarles la moto
ahí nadie se entiende y no sabemos
casi nada.

Pertenecer
(diría)
es un verbo donde caben
el amor y sus trampas
el dolor y sus trucos
y a veces la belleza
(que puede ser ambos).

Pregunto
¿dónde te reconoces tú?

UNA VEZ AL AÑO

Lo que me llevo a la tumba
cuando ya los focos no alumbran
cuando termina la función.
RECYCLED J

Más quiero ser que parecer.
SOR JUANA INÉS DE LA CRUZ

Detrás de los poemas hay muchas cosas.

En los versos
muevo montañas sin inmutarme
señalo con el dedo
frunzo el ceño
abro el pecho
enseño los dientes.

La palabra me sirve
constantemente
como escudo.

Sin embargo   en la vida
mi mente siempre persigue las preguntas
y no he perdido la capacidad de sorprenderme
ofrezco un cariño inagotable
evito la vergüenza

río a carcajadas
y encuentro
(hasta doblando las sábanas)
la felicidad con facilidad.

Nadie podría decir
(o quizás todo el mundo)
que mi poesía es transparente.

Hay confesiones
que es mejor sólo hacer
puntualmente.

ÍNDICE